VISUALIZACIÓN

Para niños

El arte en este libro viene
de tatuajes reales

¿ Sabías que la imaginación y la visualización creativa de los niños es algo que nos viene naturalmente?

A veces, cuando algunos niños crecen y se convierten en adultos, olvidan que aún pueden usar sus poderes especiales de visualización para hacer su vida mágica.

¿Puedes creerlo?

3

Entonces, ¿qué es la visualización?

La visalización es una herramienta poderosa de tu imaginación que puedes usar para crear cosas increíbles en tu vida.

Aquí hay un ejemplo:

Si quieres ganar un premio, puedes cerrar los ojos e imaginarte ganando el premio.

-Piensa en lo que se sentiría al escuchar tu nombre como el ganador.

-Imagínate cómo te verías.

-Imagina los detalles sobre quién te está entregando el premio, lo que dicen sobre ti y lo que se siente al tener el premio en tus manos.

-Visualiza dónde colocarías tu premio y lo que significaría para ti.

La visualización es simplemente entrenar tu mente a imaginar lo que quieras en tu vida.

Cuanto más te concentres en algo,
mas probable es que lo veas en tu vida.

Si no esperas mucho en la vida, es probable
que consigas lo que quieres, porque tu mente
está tranquila y no sientes la necesidad de
esforzarte por lo que realmente deseas.

pero....

7

Cuando pasas tiempo visualizando creativamente
lo que quieres en tu vida, estás creando la
emoción dentro de ti mismo para ir tras ello.

¡Cuanto más practiques la
visualización de tus sueños, más
verás y creerás que son posibles!

A medida que continúes visualizando las cosas que quieres en tu vida, tu mente comenzará a pensar de la misma manera que si realmente hubieras hecho esa actividad.

Esta es la razón por la cual los atletas como los jugadores de futbol pueden hacer más goles durante su juego. Entrenan sus mentes para tener éxito en el gol simplemente visualizándose metiendo goles.

¿Puedes creerlo?

El sistema nervioso de nuestro cuerpo se estimula con solo pensar en algo, incluso si nunca se ha participado en la actividad anteriormente.

¿Estás listo para comenzar
a poner la práctica de la
visualización a tu vida?

Sige estos pasos:

1. Encuentra un lugar tranquilo para sentarte. Asegúrate de que este sea un lugar donde no te molesten.

2. Cierra los ojos y respira profundamente varias veces para relajarte.

13

3. Comienza a pensar en el resultado, cosa o situación que deseas en tu vida. Piénsalo lo más claramente posible con cada detalle que puedas imaginar. Siente las emociones relacionadas con lo que estás visualizando.

4. Practica hacer esto al menos una vez al día, o cada vez que quieras hacer algo que quieres.

5. Cuando termines de imaginar, sigue pensando en esa imagen positiva durante todo el día o hasta que alcances tu meta o completes tu tarea.

¿Sabías que, de niño, en estos días te enfrentas a muchas cosas por la tecnología?

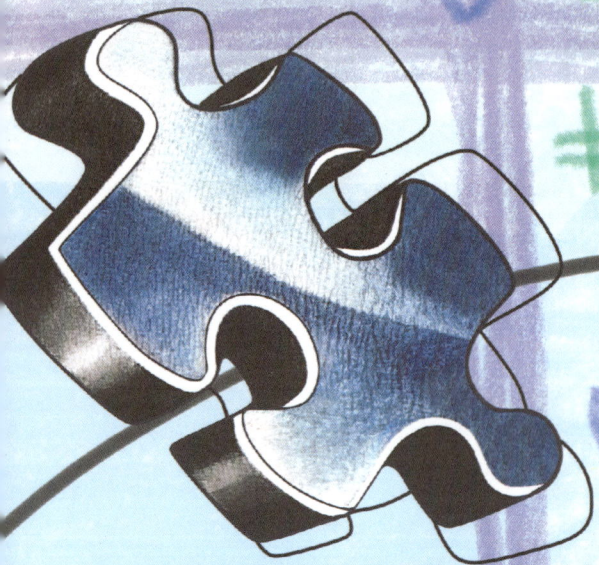

Desde que eras un bebé, el entretenimiento y la información: televisión, películas, videojuegos, internet, teléfonos celulares, libros electrónicos y otros dispositivos tecnológicos han estado a solo un clic de distancia.

Aunque la tecnología se ha convertido en una actividad de entretenimiento, sobre estimula nuestros sentidos, reduce nuestro contacto personal y puede disminuir la cantidad de ejercicio que hacemos.

Estar tan conectados a la tecnología
nos desconecta
de nosotros mismos y nos aleja
de nuestros amigos o amigas.

¡Lo bueno es que, siendo niños, podemos usar nuestros súper poderes de imaginación porque somos naturalmente muy creativos!

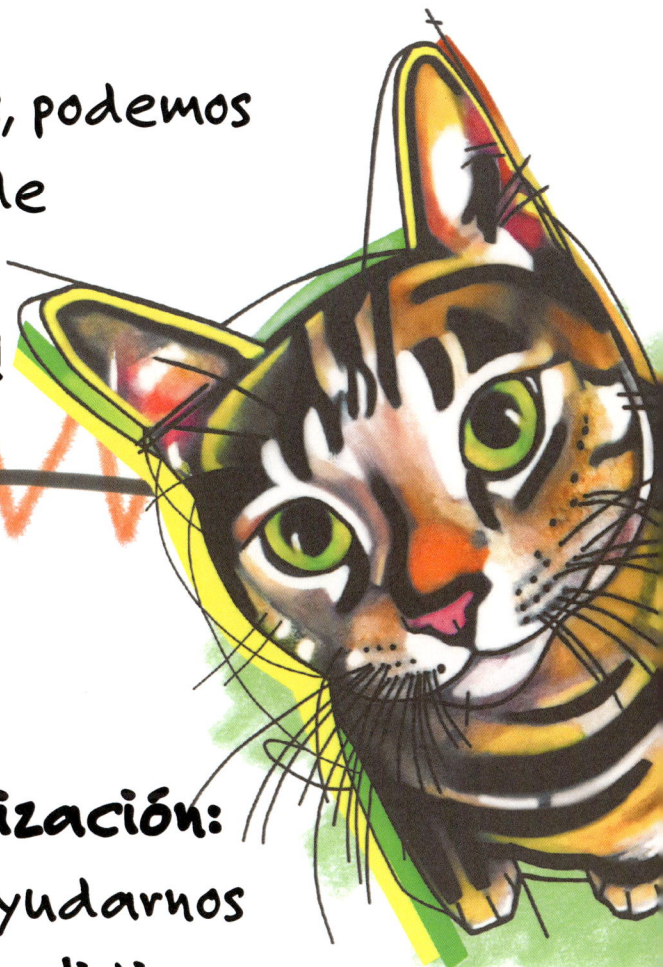

Los beneficios de la visualización:

- La visualización puede ayudarnos a obtener herramientas para lidiar con el estrés, el dolor o enfermedades, o los sentimientos difíciles.

- Visualizar es una manera maravillosa de aprender a escuchar tu conocimiento interior y usar tu propio poder.

- La visualización puede ser beneficiosa para una variedad de problemas como problemas para dormir, ansiedad ante los exámenes, nerviosismo de regreso a la escuela.

- Visualizar puede ayudarnos a lidiar mejor con los problemas, sentirnos mejor acerca de nosotros mismos, pensar en cosas nuevas y ayudar a nuestro cuerpo a mantenerse fuerte y saludable.

- La visualización puede incluso ayudarnos con problemas más graves, como ansiedad, depresión, discapacidades de aprendizaje y TDAH.

- La visualización da fuerza a tu mente a imaginar experiencias positivas.
Esto te enseña a manejar mejor las cosas y aprender nuevas maneras de actuar.

Se ha demostrado que la visualización puede crear nuevas caminos en nuestra mente que nos ayudan a repetir comportamientos positivos.

Nuestras mentes no pueden distinguir entre eventos reales e imaginarios. Cuando te imaginas en una situación, tu mente suelta bioquímicos basados en tus sentimientos sobre la persona o el evento.

Por ejemplo, si recuerdas un momento en el que estabas enojado o triste, tu cuerpo puede soltar hormonas del estrés. Pero si piensas en alguien que amas o en algo que te hace feliz, tu cuerpo puede soltar sustancias químicas que te hacen sentir bien, como las endorfinas y la serotonina. Esto te hará sentir más relajado y contento.

¡Así que recuerda!

¡A medida que crezcas,
no te olvides de seguir usando
tu gran imaginación y tus
poderes de visualización!

Y no olvides:

Meditar
Manifestar y
¡Di tus afirmaciones diarias!

24

26

SOBRE LA AUTORA

Las paradas en la carrera de Verónica incluyen Asistente Legislativa para la Alcaldesa de Long Beach, California, Beverly O'Neill; analista legislativo de la concejal Laura Richardson; Directora de Participación Comunitaria de la Universidad Americana de Ciencias de la Salud; Gerente de Operaciones de dos Empresas de Transporte Internacional; propietarioa y operadora de dos restaurantes y bares, y coordinadora de eventos para una empresa de planificación financiera.

Los libros auto editados y auto publicados de Verónica "Mi Vida Mi Historia Dios Me Debes" y "Holy Sh*t I'm a ... Psychic" aterrizaron en New Hot Releases de Amazon y se convirtieron en los más vendidos en Europa.

Verónica vive con su pareja. Juntas viajan por el mundo eliminando estigmas y rompiendo barreras con sus seminarios de estilo de vida positiva y el mensaje de "just Love".

En 2021, Verónica cambió de carrera para seguir el llamado de Dios en su vida y se convirtió en sanadora psíquica.
Hasta el día de hoy, Veronica ha utilizado sus habilidades de sanación psíquica para ayudar a personas de todo el mundo.

En 2024, Verónica lanzó libros para niños "Meditación para niños", "Manifestación para niños" y "Visualización para niños" con la dirección artística de su compañera Ivana Belakova, también conocida como Ivana Tattoo Art.

Es una psíquica médium y sanadora mística. Se especializa en mensajes espirituales de animals y limpiezas energéticas chamánicas. Está entrenada en hipnosis y RTT.

SOBRE LA ARTISTA

IVANA TATTOO ART es la PRIMERA y ÚNICA MUJER en el mundo cuyo arte del tatuaje está certificada como Bellas Artes Contemporáneas por el Museo MACRO de Roma.

Ivana es conocida mundialmente por su marca única de creatividad. Es una artista autodidacta que ha estado perfeccionando su estilo "funky color" durante más de 20 años. Ha ganado el primer lugar en las ferias internacionales de tatuajes más prestigiosas de la industria.

Su trabajo se ha mostrado en numerosas exposiciones y ha colaborado con varias escuelas de arte a nivel internacional.

Sus tatuajes son positivos, juguetones, hermosos, a veces traviesos y siempre divertidos. Su estilo es innovador, sofisticado y ecléctico; una increíble mezcla de múltiples géneros que combinan colores brillantes y elementos abstractos con estilo callejero y artístico.

Su estilo característico es reconocible al instante y ha ganado seguidores y admiradores en todo el mundo.

El compromiso de Ivana con la libertad artística y la aceptación mezclados con amor y gratitud se reflejan en todo lo que hace. Su arte es un reflejo de su niño interior mientras busca capturar el sentimiento juguetón y caprichoso de la juventud.

Ivana se inspira en sus viajes por todo el mundo.
Es entrenadora de la Ley de la Atracción y Manifestación.

En mi vida visualizo:

En mi vida visualizo:

30

En mi vida visualizo:

31

En mi vida visualizo:

www.ingramcontent.com/pod-product-compliance
Ingram Content Group UK Ltd.
Pitfield, Milton Keynes, MK11 3LW, UK
UKRC030750141224
452383UK00010B/93